AF598859

Mots de papier

Emmy Arnould

Mots de papier

Recueil

ISBN : 979-10-422-1605-4

De mes larmes
Naît le torrent
De Douleur

De mes cris
Naît l’ouragan
Du Désespoir

De mes tremblements
Naît le séisme
Du Déni

De mon silence
Naît l’océan
De Solitude

Et de ma gorge serrée
Naissent ces mots
De Papier

À H. B.

Writing is a way to express
Your thoughts
It's just a way to tell
Everyone about
Everything and
Anything
It's just a way to escape,
Just a way to escape in
A place where you can finally
Think. Live.

But what if you can't find the words?
Trying to write down
Your feelings
Your emotions
What you're going through
What if all you wanna tell and get rid of
Is just an incredibly huge entangling of
This and that and
Each single one of your thoughts is just
Shaken in your head

Mixed up with its neighbors
A thick black web of twisted wires,
Unknown memories
And questions
And…

Writing is pointless if you're not able to
Classify your own everything-inside on the paper

Today
Is
Just
Pointless.
Gives me the impression
Of being
Surrounded by
A blanket of...
Nothing
Nowhere
No one.
No.
Rather a blanket of...
I can't find the words.
A blanket of something smooth and sweet and...
Something cloudy
Something protective
Something
That
Keeps
Me
Apart

Les larmes qui coulent sur mes joues glacées
Sont comme les gouttes de pluie
Qui peignent la vitre couverte de buée.

Ces perles martèlent le verre gelé, reflétant ma colère,
Tandis que les larmes continuent de glisser lentement
Sur ma peau, à l'opposé de cette tempête passagère.

Nul ne lit dans mon regard la détresse

Qui secoue
mon âme
blessée.

Le timide des sentiments

Il hésite
Il se cache
Il refuse de dévoiler au monde
Ce qu'il garde derrière son masque,
Sous sa carapace

Mais il est temps de retirer le voile

Lentement mais sûrement,
Son âme sœur attend patiemment
Qu'il lui ouvre son monde,
Et l'y invite pour créer le leur.

La lumière du soleil déclinant
Caresse le paysage enneigé
Et le fait scintiller
Sous mes yeux fatigués.

La couleur dorée frappe
La façade de la cathédrale,
Les troncs des arbres,
Puis s’évanouit à mes pieds.

La neige
Grignote mon pantalon
Mes pieds chaussés de bottines
Piétinent
Ce blanc apaisant

Souvenirs d'enfance
Et d'innocence

Des rires
Des jeux
Des sourires
Neigeux

Danser avec un inconnu

Un sourire,
Un regard gêné
La musique commence

Des gestes maladroits
Des mains étrangères sur moi
Frissons et déglutition

Pas hésitants
Et
Trébuchants

Ses doigts caleux et chauds effleurent ma peau
Son odeur, nouvelle et sensuelle, titille mes sens
Yeux fermés pour savourer
Je le laisse m'emporter.

Dans la danse
La musique
La chaleur
Le toucher

Les notes résonnent à mes oreilles
L'adrénaline se répand dans mes veines

Tour
Saut
Bascule
Tombe
Roule
Tend

Son souffle court qui me murmure
L'envie que ce moment perdure.

Masque après masque
Je passe sur scène :
D'oiseau à Roméo,
De princesse à femme trompée,
D'Esmeralda à femme violée.

Je suis professeure de danse
Puis deviens mère indigne ;
Je suis fleur, ou voyageur,
Cassandre incomprise et narrateur.

Don Juan changé en femme,
Enfant au vague à l'âme,
Transformation en servante,
Tout se tente !

Mille et une possibilités,
Diverses personnalités,
Pour raconter des histoires
Et vous y faire croire.

Les nues, percées de nuages,
Scarifiées de légèreté cotonneuse,
M'appellent.
Mes prunelles s'y accrochent,
S'y perdent.

Les couleurs du soir allument la voûte
Enflammée ;
Cette toile inimitable me laisse
Sidérée.

Les arbres se découpent,
Ombres sur mon ciel blessé,
Marqué de gelées,
Ouvert de part en part
De longues traînées moelleuses
Qui s'effilochent…
Avant de disparaître.

Apparaît alors la Dame de nuit,
Blanche veilleuse,
Guide des âmes errantes…

QUAND L'IMMENSE MASSE NOIRE M'ENGLOUTIT.

La gardienne se débat,
Déchire ses liens brumeux,
Repousse les assaillants,
Puise la puissance
De son lointain alter ego,
À jamais lié à elle.

Victorieuse, elle émerge enfin,
Continue sa lutte
Contre les ténèbres
Recouvrant tout.

Furtif…
Comme mes pas filant dans la nuit
Comme nos regards s'étreignent et se fuient
Furtif…
Comme le vent se fraye un chemin
Comme tes mots doux fusent à mes oreilles
Furtif…
Comme mes fuites au gré de mes frayeurs
Comme les palpitations freinant mon cœur
Furtif…
Comme tes lèvres frôlent mon cou
Et comme tes doigts effleurent mes rêves…

Se perdre et se trouver

Se perdre pour penser

Se perdre et espérer

Se perdre à en pleurer.

Le manque, c'est quelque chose… qui te ronge de l'intérieur. Ça te bouffe et te tue, à petit feu.

Tu le sens qui te grignote le ventre,
qui te grignote le cœur.

C'est lui qui te noue l'estomac, comme on noue un mouchoir, pour ne surtout pas oublier que non, tu n'es pas avec la personne que tu aimes.

C'est lui qui débarque et déferle en toi. Dans ta tête, dans ton corps, dans ton cœur. Chaque recoin d'os et autre bout de muscle est investi.

C'est lui qui se défoule et te vide de tout.
Plus d'énergie, plus d'envie. Plus rien. Rien de plus sinon cette sensation de vide dans ta poitrine, cette douleur qui te tord le cœur.

Les larmes qui montent et inondent ton visage déformé par ce tiraillement dans le ventre, par le serrement de ta gorge.

Les larmes qui te brûlent les yeux et t'empêchent de voir où tu es, qui tu es.
Tu es simplement perdue, perdue dans le noir de ton humeur.

Tu veux crier, hurler, gémir, frapper. Juste libérer un peu cette pression d'émotions.
Besoin d'évacuer.

Mais chut… Tout le monde dort.

Alors tu presses tes mains sur ta poitrine,
et tu essaies d'étouffer tes pleurs, d'étouffer ta peine, comme tu le peux.

Respiration difficile, et sanglots étranglés.
Tu hoquettes.
Tu suffoques.

Distance géographique
Blessure psychologique
Symptômes physiques.

La brume de tes sanglots
S’écoule le long de mon cœur,
Le long de ma joue…
Et se perd à l’aube de ton sourire.

Des flashs, tout lumineux de toi,
Vont et viennent de partout
Et se succèdent
Pour laisser nos lèvres tremblantes
S’étirer
En une rencontre salée.

Larmes de nuit
Sous ciel sans pluie
D’une vie sans bruit.

J'aimerais porter ton odeur en pyjama,
Tes lèvres comme parfum,
Et tes mains en crème de satin.

Et puis me draper dans tes bras,
Pour t'embrasser sous les draps ;
Glisser mes doigts
Sur ton sourire grivois,
Et finir ensevelie
Sous tes caresses infinies.

Une peur se pose sur mon cœur
Les larmes roulent
Et tapissent mes paupières de lumière
Douces paillettes de tristesse
Dans l'attente de 81 jours...
Pas un tour du monde, non
Seulement un tour de moi-même
Un tour d'horizon
Un tour de vie adulte
Un tour de solitude
De rencontres
De nouveau
...
Et les rayons caressent de rouille
Les mèches devant mon visage
Succédant aux pleurs du ciel
Aux sanglots du soleil
Et à ma propre peine.

Dans une autre vie…
J'aurais écrit
J'aurais laissé ma plume courir
Sur le parchemin des désirs
J'aurais partagé mes histoires
À tous ceux qui veulent bien y croire
J'aurais clamé mes vers aux coins des rues
Me serait complètement mise à nu
J'aurais vécu de mots envolés
De musique de théâtre de danser

Dans une autre vie…
J'aurais écrit
Je ne me préoccuperais que de l'instant
Je vivrais dans le présent
Sans m'inquiéter du futur
Sans peur de l'aventure
J'oserais tout ce que souffle mon imaginaire
Sans besoin d'en faire l'inventaire
Je serais libérée de moi-même
Libre de dire je t'aime.

Trigger Warning

Ce texte aborde le viol.
Si ce sujet t'est trop douloureux,
S'il te plaît protège-toi
Et ne le lis pas !

Violée

…

Violée

…

Violée

…

…

Le mot tourne dans ma tête
Inlassablement
Comme une litanie
Qui résumerait qui je suis.
Je me sens enfermée dans mes pensées
Recroquevillée dans cet état de

« violée ».

Violée violée violée violée violée violée violée

Comme si c'était écrit sur mon front,
Un panneau clignotant
Prouvant à tous
Que je suis… brisée

Violée

À la fois hors de mon corps
Et prisonnière de mon esprit
Je ne vois plus rien autour de moi.

Isolée
Seule
Pestiférée
Sale
Calomniée
Abomination
Accusée

Le mot se répète en tornade
Et perd de son sens
Violée violée violée
Violet violet violet…
C'était ma couleur préférée.

Des feuilles et des feuilles

de pensées

S'envolent, meurtries,

Des arbres

décharnés.

Dans cette cité, chaque mot prononcé se voyait illustré dans la réalité.
Les couleurs jaillissent des lèvres, les lumières tourbillonnent autour des têtes, les confettis explosent devant les yeux.
Le langage a toujours été soutenu par l'image.
Cependant, depuis toute petite, elle parle, sans parvenir à ce que ses mots se transforment, se dessinent.
Ses paroles ne sont que sons. Pas de propos illustrés pour cette âme esseulée.
Elle se sent perdue. Elle se sent étrangeté parmi les conversations colorées.
Ironie du sort : ils ne peuvent qu'entendre ses mots, et ne cessent de la regarder elle. Ils ont besoin de voir.
Puis elle l'entend. Elle entend les pensées liquides de cet homme couler sur ses joues. Au détour d'un banc, elle l'entend, puis le voit enfin. Un homme d'une blancheur absolue, uniquement troublée par les minuscules lacs perlés de sel glissant le long des pommettes.

Elle le voit. Et le ressent.
La magie de ses mots ne pouvant être dits. Elle ressent les bombardements de soleil, les sauts de curiosité, les envies qui sommeillent.
L'homme s'arrête. Ses pensées ont forme de lumière et couleur d'arabesque.
L'un près de l'autre. Si loin, mais si proches. Une bulle s'installe. Toute conversation alentour n'est que fouillis grisâtre. Leur regard s'accroche, s'accorde, s'agrippe.
Elle prononce son nom. L'homme voit sa poésie, sa douceur, entend ses joies, ses peurs, touche du bout des doigts les arcs-en-ciel de ses mots, effleure le goût de ses pensées, respire l'esquisse de mélancolie gravée dans ses yeux.
Les lèvres s'entrouvrent, les soupirs s'échappent, les mains tremblent, les regards ne peuvent se fuir. Les pensées du cœur battent à l'unisson.
Ils sourient, âmheureux.

Hunt

Courir.
C'est la seule chose à laquelle je peux penser à cet instant.
Courir.
La seule chose qui peut me maintenir en vie.
Fuir.
Les bâtiments défilent à toute vitesse dans mon champ de vision. Le monde autour de moi n'est plus qu'une masse floue indistincte. Et ce, depuis que j'ai dévalé les escaliers de secours, sauté à terre pour m'échapper.
Courir.
Ne penser qu'à continuer, encore et encore.
Malgré la douleur dans mes jambes, ma poitrine qui semble prête à exploser.
Je n'entends que les battements de mon cœur dans mes tempes, ma respiration hachée, erratique, laborieuse, le choc sourd de mes pas contre les pavés mouillés de la petite rue.

Courir.

Ma vision se brouille. Je ne vois plus rien. Des larmes ? Je ne sais pas où je suis, où je vais.

Ce n'est pas important. Je dois continuer. À tout prix. *Ils* sont là, là dans l'obscurité. Je le sens. *Ils* se cachent dans les recoins d'ombres à chaque maison que je passe.

J'ai peur.

J'ai l'impression qu'*ils* peuvent surgir en un battement de cils sur mon chemin, et fondre sur moi, qu'*ils* peuvent à tout moment m'attraper, me jeter à terre. Qui sait ce qui m'arriverait…

Courir.

Je ne peux plus respirer, je vais m'évanouir… La rue déjà obscure et brumeuse s'assombrit encore. Un voile noir passe devant mes yeux.

Non ! Je ne *les* laisserai pas m'avoir !

Je secoue la tête, ferme les yeux très fort. Continue à courir, continue…

Mes pieds martèlent le sol. Mes ongles s'enfoncent dans mes paumes.

Ne pas *les* laisser me rattraper. *Ils* ne m'auront pas.

J'arrive près des rails. Plus une maison en vue. Je ne me retourne pas. Toujours continuer. Je supplie mon corps de coopérer, de tenir le coup.

Courir.

Une bourrasque rabat mes cheveux sur mon visage. Je tente de les décoller d'un geste. L'humidité retient pourtant quelques mèches.
Combien de temps couré-je encore ? C'est à la fois une éternité et un claquement de doigts.
À nouveau des bâtiments sur ma droite.
Courir. Me cacher. *Leur* échapper. Mais où aller ?
Je bifurque, traverse ce qui semble être la cour d'un vieil immeuble.
Courir encore. Plus vite. J'ai perdu du temps dans mon hésitation. *Ils* vont me trouver, c'est sûr ! Je déboule dans une autre petite rue pavée. J'ai l'impression de tourner en rond, d'être coincée, piégée dans un cauchemar plus que réel.
Je dois trouver une cache, n'importe où, je dois me mettre en sécurité. Le serai-je de nouveau un jour...?
Je n'en peux plus…
J'approche d'un espace empli de voitures en piteux état. Une casse ? Je me faufile rapidement dans un trou grossier du grillage abîmé, à moitié arraché. Ma manche s'accroche d'un coup, je tire violemment mon bras, sûrement égratigné.
Je me glisse entre les véhicules, et finis par me laisser tomber entre deux carcasses métalliques.
Se rouler en boule. Respirer. Silence. Je plaque ma main sur ma bouche pour étouffer mes sanglots.
Le froid pénètre mes os. Je ne sens plus mon corps, il n'est que douleur. Preuve que je suis vivante. Mes

doigts sont gelés. La sueur coule lentement le long de mon dos, m'arrachant un frisson.

Ont-*ils* perdu ma trace ? Je prie pour que ce soit le cas… Je serais incapable de me relever. La fatigue et la terreur m'écrasent d'un seul coup.

Compter. Respirer. Calme-toi… Vider l'esprit… Mes sens restent en alerte malgré tout, l'adrénaline coule toujours dans mes veines.

Mes bras entourent mes genoux, j'y pose mon menton.

Yeux fermés. Poings serrés.

Mon cœur recommence à battre rapidement. Ma panique revient. Cette impression…

Je lève la tête. Croise un regard dur et froid. *Ils* fondent sur moi.

Mystery Marsh

L'eau si douce, si calme
Comme une surface de verre
Si lisse, si belle
Le miroir du ciel
Au-delà des apparences
Tout d'un coup brisée
De milliers de ces gouttes
De milliers de personnes
De milliers d'impacts
Qui troublent la tranquille surface
D'apparence sereine
Déchirée en quelques secondes
Détruite fendue arrachée égarée
Dans le marais de mystère
Jusqu'à quand pourra-t-elle vagabonder
Sans s'y enfermer
Jusqu'à quand pourra-t-elle s'échapper
Sans se perdre elle-même.

Blason de ses mains

Mains douces et calleuses
Mains chaudes se promènent
Sur ma peau sur mon corps
Dans nos jeux amoureux
Mains dansantes
Mains joueuses
Sur les cordes se baladent
Mains avides
Mains précieuses
Se glissent et caressent
Mes cheveux sous les draps.

Lettre à un parent

Je t'écris une lettre
Sans savoir quoi t'écrire
Je t'écris une lettre
Sans pouvoir rien exprimer
Je t'écris une lettre
Sans ma voix pour te parler
Je t'écris une lettre
Sans mots à laisser couler

J'ai pourtant ce besoin de t'écrire de crier de vider
de son encre mon stylo préféré
De *me* vider de ces horribles pensées
Pouvoir enfin me libérer des serpents enflammés
Qui vomissent leur venin dans ma tête dans mon
corps tout est plein
De l'obscurité mouvante et odieuse insidieuse qui
me hante
Et envahit tout mon être.

Mais mon âme ne peut plus
Résister à ce flux
D'orages de terreurs et d'angoisses glaçantes
Glissant lentement le long de mes veines
Coulant dans mon dos
Rampant sous ma peau
S'incrustant dans mes os
Effaçant toujours et encore mes espoirs d'aurores…

Je reste perdue
À l'affût des moindres prémices
De ces agressions qui jamais n'en finissent
Et entaillent longuement
Creusant et tournant
Le couteau dans ma chair
Dans mon cœur éphémère
Et me laisse impuissante
Toutes plaies béantes.

Je t'écris cette lettre
Que tu liras peut-être
Pour te demander
De m'aider
À me sauver
De mes démons
De ma panique
De cet esprit qui me torture
Me ressasse et me susurre
Que je suis souvent trop, mais jamais assez
Je t'écris cette lettre
Qui me laisse blessée
Seule effrayée brisée
Je t'écris cette lettre
Mais resterai muette.

La mort frappe à tout instant
Elle en a rien à foutre que tu aies des projets
Des rêves à réaliser
Des gens à aimer
Des buts à atteindre
Rien à foutre que tu n'y sois pas prête
Rien à foutre de tes traumas
Elle prend
Elle prend tout.
C'est la seule chose qu'elle sait faire de toute façon.
Elle prend les gens
Elle prend le temps
Elle prend l'amour
Et les souvenirs,
Jusqu'à ce qu'il ne te reste plus rien.
Même plus de larmes à déverser.
Elle prend et racle tout ce qu'elle peut.
Tout ce qu'elle veut.
À peine le temps de se remettre,
Et elle frappe encore.

À arracher de mon cœur chaque morceau de souvenir,
Chaque miette d'attachement,
À balayer de ta main décharnée chaque recoin de confiance,
Chaque once de complicité.

J'ai 21 ans, et je suis épuisée.

Never will be enough

I'll cry myself to sleep tonight
Just because everything is going everywhere in my mind
And all over again
I have to face these endless thoughts
Of analysis and details and interpretations
Imagining the worst things that could happen
And what I did wrong
And what I shouldn't have said
And what I should've done
But I'll never be enough for this world
And I'll always be too much
Too many thoughts
Too many things going on in my head
In my heart
Too many heartbreaks and madness
Too many emotions that I wish I could control
And too many things that I can't achieve and never will

I'll never be enough but will always be too much for life.

Je ne sais plus…
Qui je suis
Où je vais.

Seul le froid demeure,
Incrusté sous ma peau.
Le fil de feu dans mon cœur
A disparu.

J'ai peur.
Tout est enterré dans mes os.
Je pleure.
Les larmes creusent ma chair.
J'ai froid.
Je ne veux plus être abandonnée.

J'ai besoin que tu restes à mes côtés.

Lumières de feu
Et douce chaleur
Lueur pulsante
Lanternes de vie
Éclairs de sommeil
En quête de nuit
Étoiles filantes
Foyer qui luit.

La passeuse

La jeune femme se tenait à l'avant de la barque, s'enfonçant doucement dans l'épaisse brume qui avait recouvert le marais. Debout, bien droite, enveloppée dans une cape de velours pourpre et brumeuse, elle plissa les yeux pour tenter d'apercevoir un quelconque repère qui l'aiderait à retrouver son chemin. Son regard ne pouvait porter au-delà de quelques mètres. Elle soupira, ajusta sa capuche en s'assurant de camoufler sa chevelure dorée, et resta pensive, préoccupée. Dans le marais plongé dans le silence, elle était seule. Pas un oiseau ne chantait. Elle n'entendait ni les grillons, ni les abeilles, ni aucune autre des créatures qui peuplaient habituellement l'endroit. La surface de l'eau demeurait étrangement lisse, et l'on ne pouvait pas même distinguer le soleil. Le ciel semblait fait d'un lourd tissu cotonneux. Tout autour d'elle baignait dans une lumière fantomatique et irréelle. La barque avançait toujours, et elle put apercevoir des toiles d'araignée perlées de rosée, dentelles de gouttelettes tissées entre les hautes tiges qui dépassaient des îlots de terre. La jeune femme semblait flotter sur l'eau, mystérieuse nymphe émergeant des flots, sombre silhouette solitaire perdue dans la brume.

La jeune femme inspira profondément, tentant de se rassurer. Elle était seule, certes, mais il n'y avait pas de raison pour qu'elle ne puisse atteindre son objectif. Il lui fallait seulement attendre que le brouillard se lève. Alors, elle s'assit, emmitouflée dans sa lourde cape, le regard s'efforçant de percer le flou autour d'elle. Les minutes s'égrainèrent, se succédant encore et encore, l'une après l'autre, et l'entraînèrent hors du temps et de tout lieu. L'embarcation glissait lentement sur l'eau tranquille, entre les joncs et les roseaux. La brume courait à la surface, effleurant le visage de la jeune femme au passage de la barque. Elle frissonna, et baissa les yeux sur ses mains, nimbées d'une lueur bleutée. Elle referma les poings, serra les dents, avant de fermer les yeux. Après un temps qui lui sembla durer une éternité, elle entendit au loin sonner l'angélus, signal du bout de son voyage. Elle ouvrit les paupières et releva la tête, découvrant un soleil levant, d'une couleur indescriptible et magnifique, qui réchauffa doucement ses pommettes alors que son regard se posait sur le clocher de l'église qu'elle distinguait dans la lumière encore embrumée. L'avant de la barque caressa la berge. La jeune femme se leva, s'avança jusqu'à terre, et aperçut enfin l'objet de ses désirs. Après tout ce temps, elle l'avait trouvé.

Imprimé en Allemagne
Achevé d'imprimer en novembre 2023
Dépôt légal : novembre 2023

Pour

Le Lys Bleu Éditions
40, rue du Louvre
75001 Paris

www.ingramcontent.com/pod-product-compliance
Lightning Source LLC
Chambersburg PA
CBHW062347010826
49168CB00024B/294

* 9 7 9 1 0 4 2 2 1 6 0 5 4 *